Andreas Mayr

Weihnachtskrippen aus Holz

Andreas Mayr

Weihnachtskrippen aus Holz

Exakte Pläne
Schritt-für-Schritt-Anleitungen
Baukastensystem

Augustus Verlag

Inhalt

Vorwort

Die Krippe ist für viele Menschen traditioneller Bestandteil des Weihnachtsfestes. Und fast jeder erinnert sich daran, mit welchem Eifer jedes Jahr wieder der Hirtenstall hervorgeholt und die Krippenfiguren darin stimmungsvoll in Szene gesetzt wurden.

Den Wunsch, eine eigene Krippe zu besitzen, bewahren sich viele über die Kindheit hinaus, und um wie viel schöner ist es dann, nicht nur eine gekaufte Krippe sein eigen zu nennen, sondern eine, die man selbst entworfen und gebaut hat.

Die Holzkrippen, die in diesem Buch beschrieben werden, sind im Grundprinzip einfach nachzubauen und können im Baukastensystem erweitert und in ihrem Aussehen verändert werden. Detailliert vermaßte Pläne, genaue Beschreibungen und anschauliche Arbeitsfotos helfen auch dem weniger geübten Holzbastler dabei, eine kleine Stallkrippe, einen einfachen Hirtenstall oder ein etwas aufwendigeres Krippenhaus mit Anbau anzufertigen. Für die Ausgestaltung finden Sie in Wort und Bild zahlreiche Anregungen – Ihren eigenen Wünschen und Vorstellungen sind aber natürlich keine Grenzen gesetzt.

Welches Krippenmodell Sie auch immer auswählen – es wird für jede Art von Krippenfiguren passen, in jedem Fall ein Unikat sein und sicher für viele Generationen zu einem nicht wegdenkbaren Stück Weihnachten werden.

Hirtenstall mit Vordach

Für Figuren von 12 bis 16 cm Größe

Dieser Hirtenstall ist das Grundmodell, nach dem Sie weitere Krippenhäuser mit verschiedenen Anbauten und in verschiedenen Ausführungen (z.B. mit Mauerwerk und/oder Zwischenboden) bauen können. Seine Bauweise ist auch Grundlage des später beschriebenen großen Hirtenhauses mit Schafstall *(siehe Seite 42).*

Werkzeug

Die Werkzeuge, die zum Bau der Krippen verwendet werden, sind in fast jedem Haushalt oder Hobbykeller vorhanden: Säge (Fuchsschwanz, eventuell Handkreissäge oder Bandsäge zum schnelleren und mühelosen Arbeiten), Hammer, Holzraspel, Meterstab, Flachzange, Schraubenzieher und Sandpapier bilden die Grundausrüstung.

Ihr wichtigstes Werkzeug ist eine Heißklebepistole mit Patronen, die Sie in jedem größeren Baumarkt erhalten. Mit der Klebepistole ist exaktes Kleben möglich. Zudem können Sie damit zügig Stück um Stück anfertigen, denn bereits nach zehn bis 20 Sekunden halten die geklebten Teile fest zusammen. So ersparen Sie sich viel Ärger und Zeit, das aufwendige Arbeiten mit Schraubzwingen entfällt. Wenn Sie lieber mit Holzleim arbeiten, können Sie aber auch diesen verwenden.

Ein besonderes Schnitzmesser benötigen Sie normalerweise nicht. Mit einem

Werkzeugliste

Säge (Fuchsschwanz und evtl. Stich-, Hand- oder Bandsäge)
Hammer
Holzraspel oder Hobel
Meterstab
Flachzange
Schraubenzieher
Schere
Sandpapier
Heißklebepistole und Patronen
Tapetenmesser
Kleine Spachtel
Becher zum Gipsanrühren
Bleistift zum Anzeichnen
Evtl. Schwamm oder Pinsel

handelsüblichen Tapetenmesser mit auswechselbaren Klingen können Sie fast mühelos jedes Holzteil bearbeiten und einfache Schnitzarbeiten ausführen. Aber Vorsicht: das Messer ist sehr scharf! Versuchen Sie deshalb immer vom Körper weg zu schnitzen (vor allem wenn Sie Kanten brechen oder größere Kerben schnitzen usw.).

Wenn Sie eine Krippe mit Mauerwerk bauen möchten, brauchen Sie außerdem eine Spachtel und einen kleinen Becher zum Gipsanrühren.

Bis auf die Heißklebepistole werden Sie die meisten Werkzeuge zu Hause haben.

Die Bretter von zerlegten Obstkisten benötigen Sie für die Verkleidung und das Dach des Hirtenhauses.

Material

Für den Hirtenstall kaufen Sie im Bau- oder Holzmarkt ein Grundplatte aus Fichtenholz in der Größe 75 cm x 45 cm x 2 cm (wenn Sie mehr Platz haben oder eine größere Krippe bauen möchten auch im Maß 80 cm x 50 cm x 2 cm) und Dachlatten aus Fichtenholz nach Bedarf (200 cm lang, 3 cm x 5 cm bzw. 3 cm x 2,5 cm dick, je nachdem, ob Sie mit kleineren oder größeren Verstrebungen arbeiten möchten). Der Bedarf an Dachlatten richtet sich danach, wie aufwendig, d.h. mit wie vielen Verstrebungen Sie das Grundgerüst bauen.

Etwa fünf bis sechs Latten genügen normalerweise.

Die Dachlatten werden in etwa 50 cm lange Stücke geschnitten. Aus diesen Stücken werden Balken-Rohlinge mit den Maßen 2,5 cm x 3 cm oder 3 x 3 cm oder 2 cm x 2,5 cm geschnitten, die Sie für das Grundgerüst benötigen. Die Verstrebungen sollten im Vergleich zu den verwendeten Balken die etwas geringeren Maße aufweisen.

Wenn Sie keine Säge zur Hand haben, ist es einfacher, Sie lassen sich die Stücke von einem Schreiner anfertigen. In einem Obstladen oder Supermarkt können Sie sich Obstkisten besorgen, aus deren Latten Sie die Verkleidung des Grundgerüsts und das Dach anfertigen. Lösen Sie dazu mit der Spitze eines Schraubenziehers die Klammern aus den Kisten, die die Latten zusammenhalten.

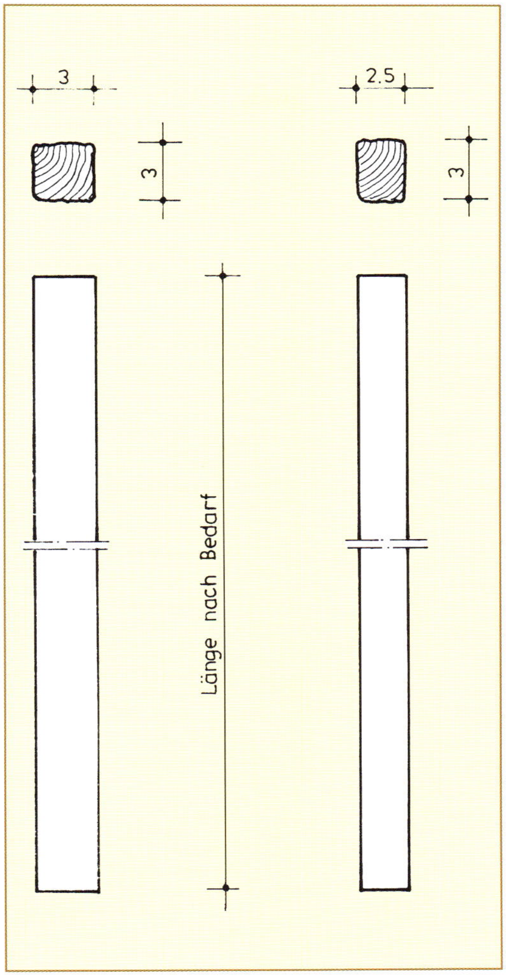

Zeichnung für die Erstellung der Rohlinge des Grundgerüsts.

Mauern fertigen Sie aus Stuckgips an. Normaler Gips oder Moltofill ist nicht geeignet. Stuckgips läßt sich leichter verarbeiten und gut formen. Zudem hat er eine hohe Festigkeit. Sie erhalten Stuckgips im Baufachhandel (5 kg Päckchen). Verarbeiten Sie das Material zügig, da es schnell hart wird (genaue Anleitung siehe Seite 21).

Materialliste

Fichtenholz (Bodenplatte)
Dachlatten aus Fichtenholz (Grundgerüst)
Latten aus Obstkisten (Verkleidung)
Stuckgips (Mauerwerk)
6er- oder 8er-Dübel und Bohrer (Befestigung)
Evtl. Abtönfarbe in Erdbraun (Bemalung)

Sie müssen die Balken und einzelnen Teile nicht unbedingt verdübeln, für einen besseren Halt und Stand des Hirtenstalles ist es aber empfehlenswert. Verwenden Sie 6er-Dübel (bzw. 8er-Dübel für die Befestigung auf der Bodenplatte) und die dazugehörigen Bohrer.

Zusammenbau

Holzbedarf und Zuschnitt

Bodenplatte:
75 cm x 45 cm x 2 cm
bzw. 80 cm x 50 cm x 2 cm
Balken/Rohlinge:
3 cm x 3 cm, 3 cm x 2,5 cm,
2 cm x 2,5 cm
Dach/Verkleidung:
Latten aus alten Obstkisten

Die genauen Maße der einzelnen Teile entnehmen Sie dem Grundriß. Sie können natürlich auch eine größere Bodenplatte verwenden, müssen dabei aber auf das richtige Verhältnis von Länge und Breite achten. Auf einer quadratischen Bodenplatte wirkt eine Krippe meist nicht sehr gut.

Grundriß des Hirtenstalles.

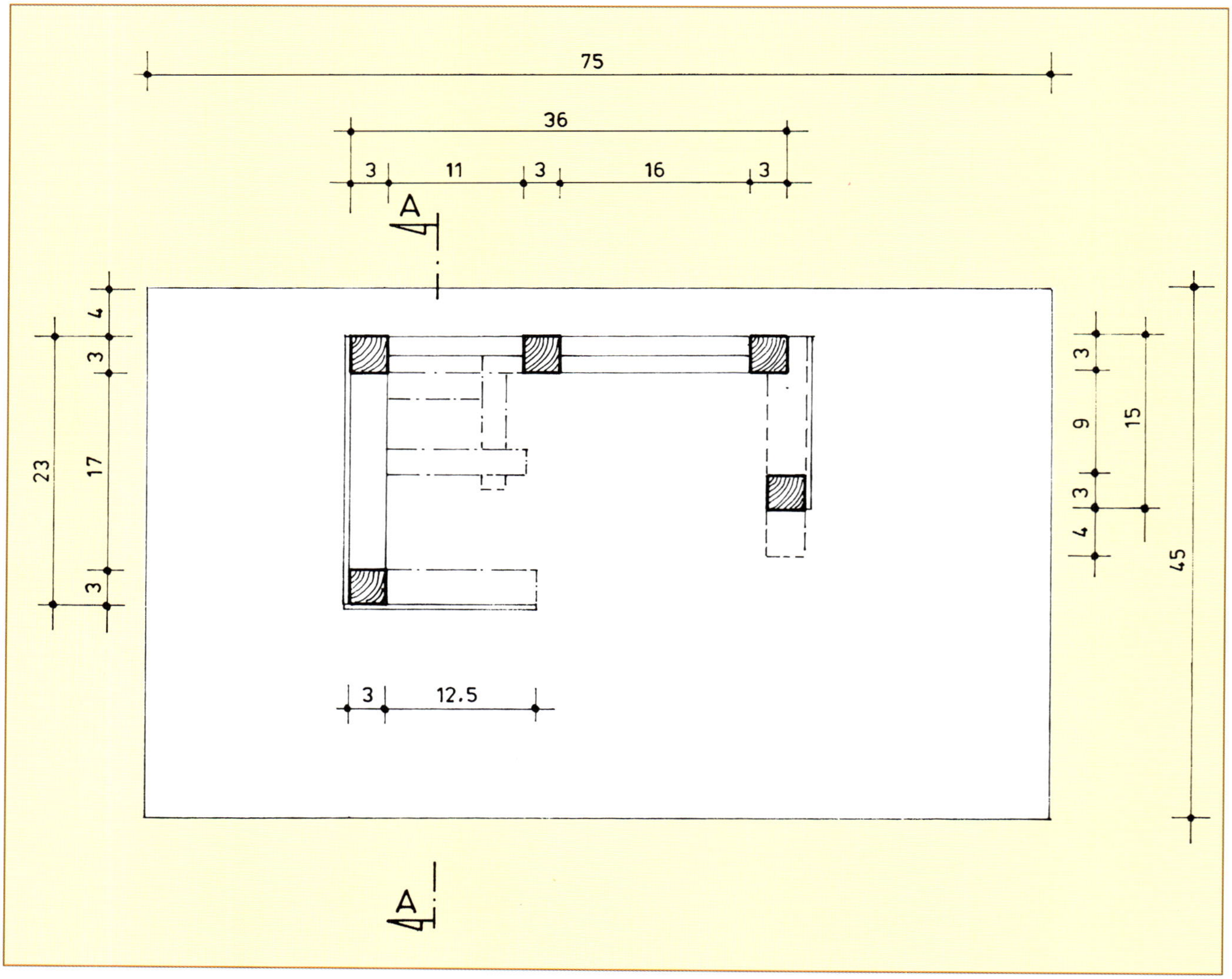

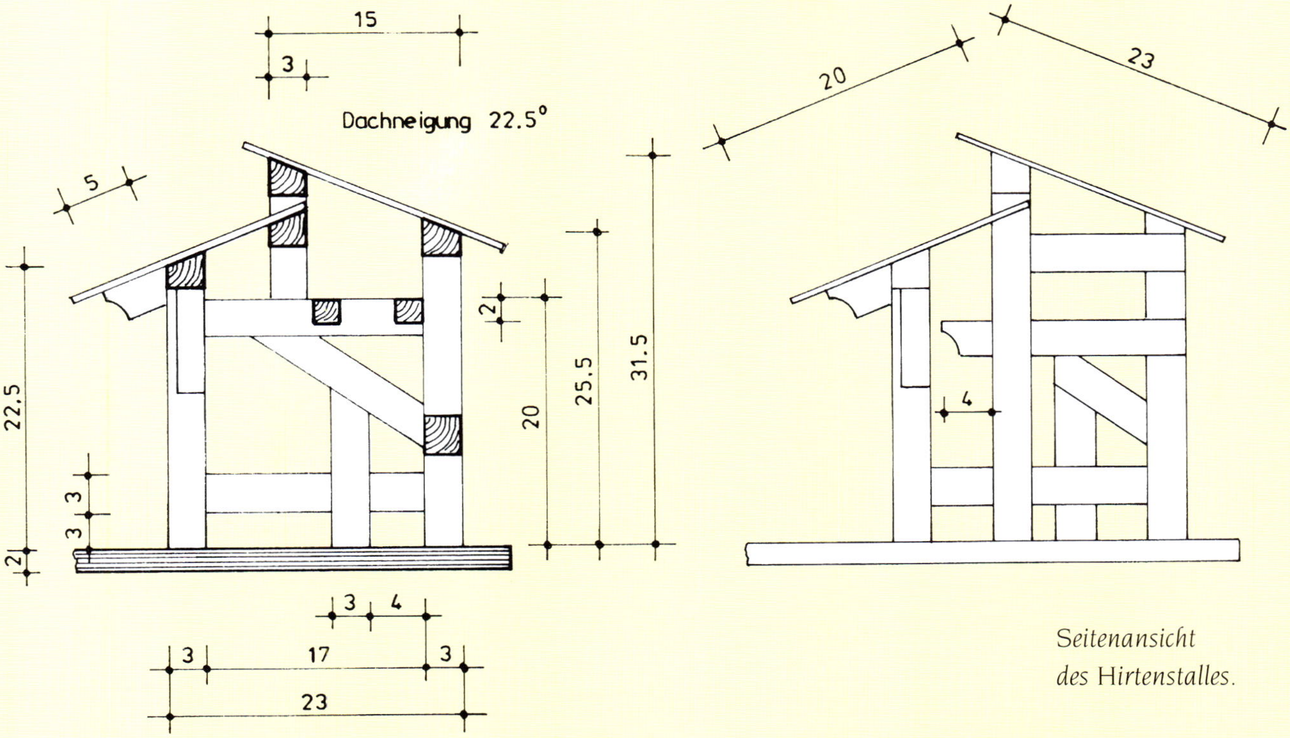

Seitenansicht des Hirtenstalles.

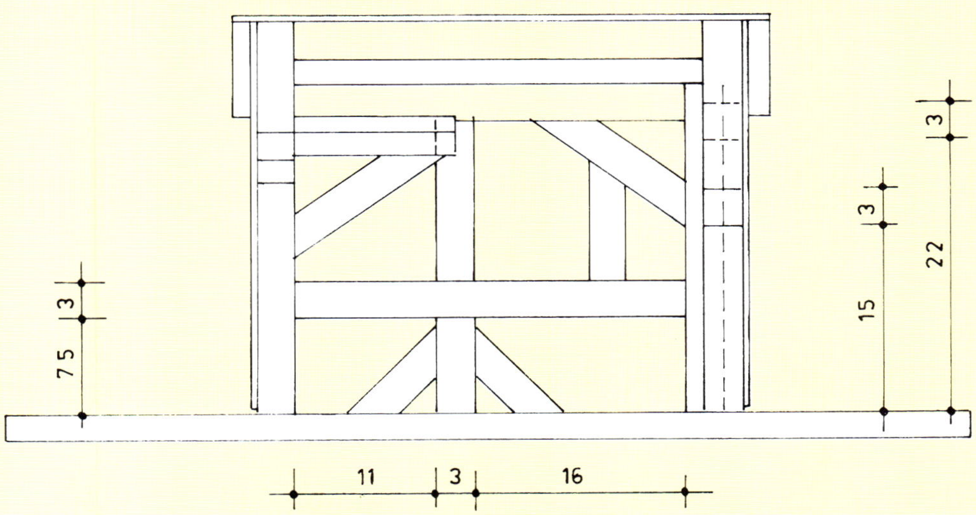

Hirtenstall in Vorderansicht.

Aus diesen Balken und Teilen wird das Grundgerüst zusammengefügt. (Linkes Seitenteil, Rückwand, rechtes Seitenteil. Oben links im Bild das Grundgerüst für den Zwischenboden).

Fertige Rückwand mit Verstrebungen.

Anfertigung der Rückwand

Schneiden Sie die Rohlinge, zwei senkrechte Außenbalken (Steher) und zwei waagerechte Querbalken auf die gewünschte bzw. aus der Zeichnung (Seite 13) ersichtlichen Länge zu.

Den dachtragenden Querbalken müssen Sie auf die erforderliche Dachneigung (siehe Zeichnung) abhobeln oder absägen. Haben Sie weder Handhobel, Raspel noch Säge zur Hand, können Sie auch mit dem Tapetenmesser die Balken abschrägen. 4 bis 5 mm Schräge genügen, um später das Dach befestigen zu können.

Verdübeln Sie die beiden Steher mit den Querbalken. Setzen Sie den unteren Querbalken auf gewünschter Höhe ein, verkleben Sie ihn aber noch nicht. Mit dem Einsetzen der Verstrebungen beginnen Sie am besten an den Ecken. Halten Sie die Verstrebungen an die Balken der Rückwand und zeichnen Sie die Ansatzstellen an. Ebenso verfahren Sie mit den stehenden Verstrebungen. Sie können beliebig viele Verstrebungen einsetzen.

Sägen Sie nun die Verstrebungen zurecht, setzen Sie sie ein und kleben Sie diese fest. Das Grundgerüst Ihrer Rückwand ist nun fertig. Dübeln Sie die Rückwand auf der Bodenplatte fest (siehe Grundriß Seite 12), aber verkleben Sie sie noch nicht.

Rückwand mit Seitenteil links.

Seitenteil links

Sägen Sie den senkrechten Außenbalken (Steher) nach Maß zu (siehe Zeichnung Seite 13). Beachten Sie dabei den Schrägschnitt der Dachneigung. Die Querbalken schneiden Sie beide auf die gleiche Länge und nach Maß zu.
Den unteren Querbalken können Sie auch teilen, der Arbeitsaufwand ist bei dieser Variante etwas größer. Die beiden unteren Querbalken werden dann mit den beiden Außenbalken in der gewünschten Höhe verdübelt und festgeklebt. Das fertige Seitenteil dübeln Sie an dem Gerüst der Rückwand fest.
Jetzt können Sie in das Seitenteil wieder beliebig viele Verstrebungen einsetzen und festkleben. Das linke Seitenteil ist fertig.

Seitenteil rechts und Dachaufbau

Das rechte Seitenteil besteht aus einem senkrechten Steher und zwei waagerechten Verbindungsbalken. Den senkrechten Steher nach vorgegebenem Maß zusägen und dabei die Schräge für die Dachneigung beachten (siehe Zeichnung Seite 13). Den Steher dübeln Sie etwas versetzt auf die Bodenplatte, wie aus der Grundrißzeichnung ersichtlich ist. Die beiden Verbindungsbalken werden angepaßt und an die Rückwand gedübelt. Das rechte Seitenteil ist fertig.

Nun sägen Sie den kleinen senkrechten Steher links nach Maß zu (siehe Zeichnung Seite 13) und dübeln ihn auf dem oberen Querbalken der linken Seiten-

Das Seitenteil links wird an der Rückwand angeklebt oder festgedübelt.

wand fest. Insgesamt muß damit die gleiche Höhe erreicht sein, die der große senkrechte Steher rechts hat (siehe Zeichnung Seite 13).

Passen Sie dann den langen dachtragenden Querbalken ein, um ihn anschließend zu verdübeln, und beachten Sie auch hier wieder die Dachschräge. Verstrebungen laut Maßangabe zuschneiden, an den Dachbalken anbringen (siehe Foto unten) und alle Teile fest verkleben.

Für das Vordach benötigen Sie zwei waagerechte Dachbalken mit der gewünschten Dachschräge und mit Verstrebungen (siehe Zeichnung Seite 13). Die Fotos Seite 17 und 20 zeigen, wo und wie diese Balken am Grundgerüst

Dachaufbau links mit kleinem Steher und Zwischenboden.

Dachaufbau von vorne mit dachtragendem langen Querbalken.

angesetzt werden. Die Breite des Vordaches sollte ungefähr einem Drittel der Gesamtlänge des Stalles entsprechen. Ein zu breites Vordach schränkt den freien Blick in die Krippe ein.

Die Krippe ist nun im Rohbau fertig. Jetzt werden alle Teile fest miteinander verklebt und auf der Bodenplatte befestigt.

Wird ein Zwischenboden unter dem Dach gewünscht (also eine Art Dachboden), muß er nun angefertigt werden. Er besteht aus zwei Querbalken, die an der linken Seitenwand angedübelt werden und einem Verbindungsbalken, der die beiden Querbalken zusammenhält (siehe Detailfoto Seite 14 oben). Der Zwischenboden bzw. der sich daraus ergebende Dachboden sollte nicht zu groß sein, da er sonst den Einblick in die Krippe erschwert.

Dach

Für das Dach benötigen Sie die Bretter der zerlegten Obstkisten. Am besten beginnen Sie damit, das Hauptdach zu decken. Sägen Sie die Bretter auf die erforderliche Länge ab und rechnen Sie am vorderen Rand etwa 1 bis 2 cm Überstand ein. Haben Sie alle Bretter auf das richtige Maß abgesägt, können Sie mit dem Verkleben beginnen. Damit das Dach harmonisch aussieht, wird das erste Brett mit einem Überstand von etwa 2 cm angeklebt. Es folgt Brett

Verstrebungen, Balken für den Zwischenboden sowie Dachaufbau.

Dachrückseite mit aufgeklebten, überstehenden Brettern.

Dach mit zweiter, schmaler Bretterlage.

Vordach und verkleidete Vorderfront in unterschiedlichen Bauphasen.

um Brett. Das letzte Brett wird so angepaßt, daß ebenfalls ein Überstand von 2 cm bleibt.

Um das Dach stärker zu betonen und ihm mehr Ausdruck zu verleihen, wird eine zweite Lage mit etwas kürzeren und nur etwa 2 cm breiten Brettern in beliebigem Abstand aufgeklebt.

Auf gleiche Weise werden nun die Rückwand, das Vordach und die Seitenteile links und rechts gedeckt. Zuletzt wird die Frontseite des Hirtenstalles gefertigt. Dabei bleibt es Ihnen überlassen, ob Sie kürzere oder längere Teile verwenden. Kürzere Teile haben den Vorteil, daß man leichter in die Krippe sehen kann und die Figuren besser zur Wirkung kommen.

Noch mehr Ausstrahlung verleihen Sie Ihrer Krippe, wenn Sie die einzelnen Bretter mit der Zange etwas brechen. Achten Sie aber darauf, daß das Ganze dadurch nicht zu unruhig wird.

Rückwand mit Mauerwerk

Wenn Sie einen Hirtenstall mit Mauerwerk anfertigen wollen (siehe zum Beispiel Foto Seite 23, 36), fertigen Sie die Rückwand wie auf Seite 15 beschrieben an.

Legen Sie die Rückwand dann auf eine beschichtete Arbeitsplatte oder auf eine Platte, die mit einer Folie geschützt ist, damit Sie die Rückwand problemlos

Rückwand mit Mauerwerk. Die Verstrebungen können beliebig gesetzt werden.

Rückwand mit Fenster. Die Rückwand des Fensters ist mit Obstkistenbrettern verkleidet.

wieder abheben können. Auf einer Holzplatte würde zu viel vom Stuckgips hängen bleiben.

Rühren Sie nun den Stuckgips in einem Becher an, bis ein streichfähiger Brei entsteht. Füllen Sie dann mit einer kleinen Spachtel die durch die Balken gebildeten »Felder« der Rückwand aus. Beginnen Sie am besten mit den großen Zwischenräumen. Rühren Sie keine zu großen Mengen an, denn der Gips zieht rasch an.

Ist die ganze Wand ausgefüllt, ritzen Sie mit dem Tapetenmesser die Umrisse von einzelnen Steinen in die Wand – die Abstände sollten in etwa gleich sein. Zum Schluß säubern Sie die Balken mit Sandpapier. Sie können die Balken aber auch vor dem Gipsen mit Klebeband abkleben, dann bleibt Ihnen das Abschmirgeln weitgehend erspart. Kleine Gipsrückstände bleiben immer, geben der Krippe aber auch ihr rustikales Aussehen.

Wenn Sie den auf Seite 23 gezeigten Hirtenstall anfertigen möchten, müssen Sie auch die linke Seitenwand wie beschrieben mit Stuckgips füllen. Die Anleitung für eine Rückwand mit Fenster und Mauerwerk finden Sie im folgenden Abschnitt.

Rückwand mit Fenster und Mauerwerk

Wenn Sie als Variante noch ein Fenster in die Rückwand einfügen möchten, sägen Sie sich nach den Maßen aus Zeichnung Seite 53 Rohlinge mit 1 cm x 1 cm oder 1,5 cm x 1,5 cm zurecht und kleben diese wie auf dem Foto gezeigt auf dem unteren Querbalken der Rückwand fest.

Als Rückwand des Fensters dienen Bretter aus einer Obstkiste. Sie können das Fenster aber auch offen lassen.

Anschließend fertigen Sie das Mauerwerk an, wie auf Seite 21 ausführlich beschrieben.

Nun können Sie zwischen mehreren Varianten wählen und einen Hirtenstall mit oder ohne Fenster anfertigen, Mauerwerk oder einen Zwischenboden (=Dachboden) einfügen. Eine weitere Veränderungsmöglichkeit ist die Farbgebung, da Sie aus einer hellen Krippe auch eine dunkle machen können.

So sieht ein Hirtenstall in dunkel gebeiztem Holz mit Mauerwerk und Fenster aus.

Links: Beim Verkleiden werden die Obstkistenbretter Stück um Stück nebeneinandergeklebt.

Rechts: Verkleidung des Hirtenstalles von der rechten Seite. Die Bretter reichen nicht ganz bis zur Bodenplatte – ein »uriger« Effekt, der auch durch den einen oder anderen Spalt zustande kommt.

Einfärben der Krippe

Wenn Sie lieber eine dunkle statt einer hellen Krippe haben möchten (wie sie z.B. auf Seite 26/27 zu sehen ist), können Sie den Hirtenstall auch dunkel einfärben. Verwenden Sie dazu nur wasserlösliche Farben, z.B. erdbraune Abtönfarbe, die Sie in fast jedem Baumarkt bekommen.

Tragen Sie die Farbe mit einem feuchten Schwamm auf die Holzteile Ihrer Krippe auf. An schwer zugänglichen Stellen verwenden Sie einen Malerpinsel.

Durch den Schwamm erzielen Sie einen gleichmäßigen Farbauftrag. Je nachdem, ob Sie viel oder wenig Wasser zugeben, wird der Farbton heller oder dunkler – das bleibt Ihrem persönlichen Geschmack überlassen.

Verkleidung des Hirtenstalles

Nachdem Sie das Grundgerüst des Hirtenstalles fertiggestellt haben, können Sie daran gehen, das Hirtenhaus zu verkleiden. Dazu verwenden Sie wiederum

die Bretter von Obstkisten, die Stück um Stück nebeneinander auf das Grundgerüst bzw. auf Grundgerüst und Mauerwerk geklebt werden. Wenn Sie möchten, können Sie zwischen den Brettern ab und zu einen 1 bis 3 mm breiten Spalt freilassen, das gibt dem Stall ein »urigeres« Aussehen. Um diesen Eindruck zu unterstreichen, können Sie auch darauf verzichten, die Verkleidung an der Seitenwand bis ganz zur Bodenplatte reichen zu lassen. Dies ist eine Variante, die sich besonders dann anbietet, wenn Sie einen gemauerten Hirtenstall gebaut haben (siehe Foto Seite 26).

Wie schon beim Dach werden auf die erste Lage Bretter noch einige dünnere Bretter in unregelmäßigen Abständen gesetzt. Auf der Rückwand können Sie

Fertige Seitenwand links mit aufgesetzten schmalen Brettern.

Fertiges Dach mit Rückwand. Die Bretter sind hier dicht nebeneinandergeklebt.

So sieht der fertig verkleidete, naturbelassene Hirtenstall aus.

Seitenansicht eines dunkel gebeizten Hauses mit Mauerwerk, das nur zur Hälfte verkleidet wurde.

dann, wenn Sie möchten, auch den Lichtschalter für die elektrische Beleuchtung Ihrer Krippe montieren. Im einen oder anderen Fall kann es nötig sein, die Verkleidung etwas auszuschneiden, damit die Balken des Grundgerüsts Platz haben oder sichtbar zur Wirkung kommen (siehe Foto Seite 25 unten).

Rechte Seite:
Ein dunkles Haus mit Mauerwerk, bereits mit Moos und Sand geschmückt.

Eine ganz andere Anmutung als das helle, naturbelassene Krippenhaus hat das dunkle mit Mauerwerk.

Äußere Gestaltung des Hirtenstalles

Die helle Krippenhaus-variante, ebenfalls mit Moos verziert.

Wenn Sie den Hirtenstall in einer seiner Varianten fertiggestellt haben, können Sie mit der Ausgestaltung des Krippenhauses beginnen, die passenden Figuren auswählen, eine Landschaft oder Szenerie aufbauen – kurz: Nun können Sie Ihre Phantasie spielen lassen und Ihre ganz persönlichen Vorstellungen in die Tat umsetzen.

Moos und Sand

Zu den in diesem Buch vorgestellten Krippenhäusern paßt am besten graues Gebirgs- oder Islandmoos, das Sie in Garten-Centern oder Blumengeschäften erhalten. Kleben Sie das Moos an verschiedenen Stellen des Daches, an den Seitenteilen und der Vorderfront fest – damit das Krippenhaus den Eindruck erweckt, als wäre es eingewachsen. Zur Ausgestaltung der Bodenplatte können Sie ebenfalls Moos verwenden, aber auch gelben Sand oder weißen Quarzsand, den Sie einfach mit der Hand darüberstreuen.

Dies ist ein Vorschlag, wie das fertige Krippenhaus mit Moos und Sand eingerichtet werden kann.

Rechts: Wie wichtig Moos, Gräser, Stroh und Zweige für die Atmosphäre eines Krippenhauses sind, wird hier ganz deutlich.

Gräser, Sträucher, Steine

Ein besonders schöner Effekt ist es, wenn Sie um Ihr Krippenhaus herum eine Landschaft andeuten (siehe Krippen auf Seite 5, 31 oder 36). Dies kann durch verschiedene Zweige oder durch Wurzelwerk geschehen, das Sie bei einem Spaziergang durch den Wald gesammelt haben, oder auch durch Gräser, Sträucher und Steine. Als Zäune oder Begrenzungen können Sie vermooste Äste und Zweige einsetzen oder auch den Holzzaun bauen, der auf Seite 39 beschrieben ist.

Mit Steinen, Gräsern, Zweigen und kleine Bäumchen können Sie um jede Krippe herum eine stimmungsvolle Landschaft andeuten.

Krippenzubehör

Der Charme und die Schönheit Ihres Krippenhauses entfaltet sich im Detail, in der Art und Weise wie Sie es verzieren, ausgestalten und einrichten. Das nachfolgend beschriebene Zubehör ist nur eine kleine Auswahl dessen, was Sie selber herstellen können. Und natürlich können diese Dinge auch noch durch gekaufte Einrichtungsgegenstände (Laternen, Lagerfeuer etc.) ergänzt werden.

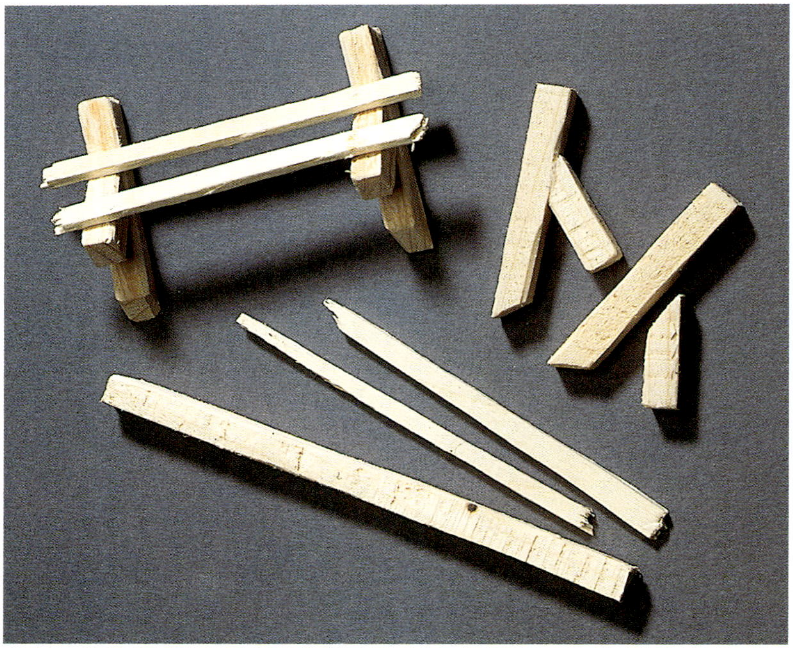

Futtertraufe

Die Futtertraufe, die Sie mit etwas Stroh füllen und im Inneren des Stalles anbringen können, sollte etwa 5 cm hoch und 8 cm breit sein. Sägen Sie sich dazu aus Reststücken der Dachlatten 1 cm x 1 cm dicke Rohlinge zurecht und schneiden Sie sie auf die gewünschte Länge zu, an einem Ende jeweils mit Schrägen, damit sie an die Stallwand bzw. Rohling auf Rohling geklebt werden können.

Für die Stirnseite benötigen Sie etwa 8 cm lange schmale Leisten aus Obstkistenbrettern, die Sie mit dem Tape-

Aus diesen Einzelteilen wird die Futtertraufe hergestellt (fertige Traufe links oben).

Die fertige Futtertaufe kann im Inneren des Hauses plaziert werden.

tenmesser spalten. Kleben Sie die Teile wie auf dem Foto Seite 36 oben gezeigt zusammen und plazieren Sie die Traufe an einer geeigneten Stelle im oder am Stall.

Ziernägel

Aus einem 1 cm x 1 cm großen Rohling können Sie Ziernägel anfertigen. Kerben Sie den Rohling dazu rundherum ein und schnitzen Sie ihn wie auf dem Foto gezeigt mit dem Tapetenmesser zu. Anschließend sägen Sie den Nagel in gewünschter Länge ab. Solche Holznägel dienen vor allem zum Verzieren der Verkleidung an Dach und Vorderfront.

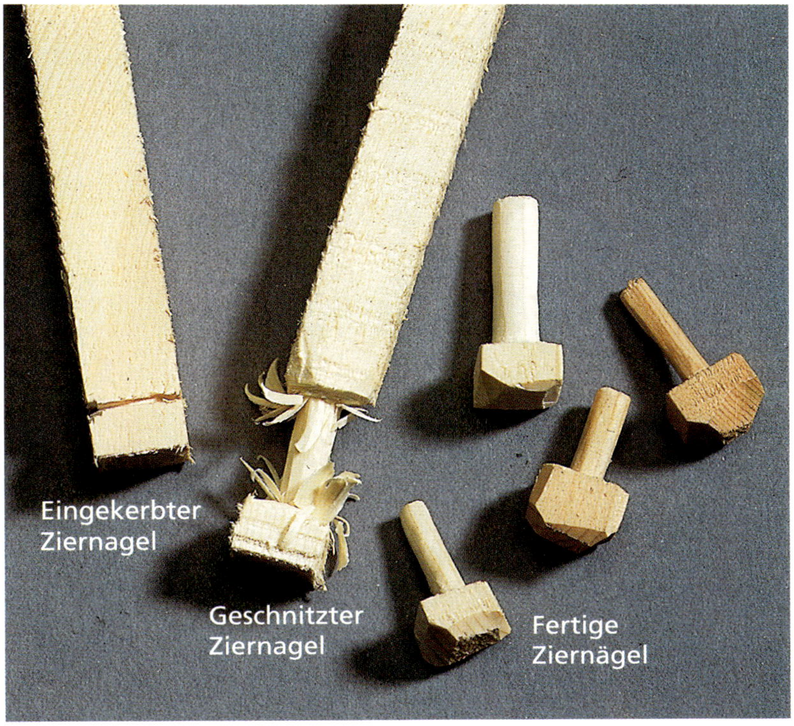

Ziernägel zur Verschönerung z.B. der Vorderfront.

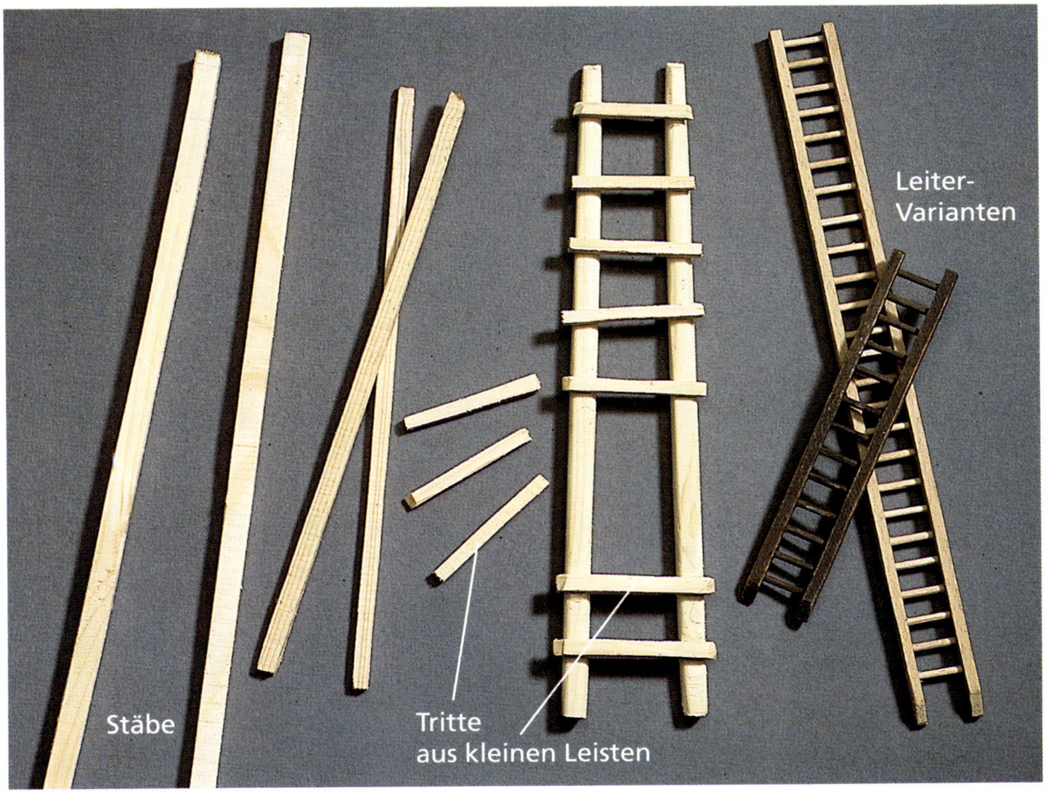

Aus diesen Einzelteilen werden Leitern hergestellt.

Leitern

Ein liebevoll gearbeitetes Detail ist auch die Holzleiter, die Sie von außen an das Krippenhaus lehnen können. Um sie herzustellen, benötigen Sie zwei etwa 25 cm lange Stäbe (Dachlatten-reste), 0,5 cm x 0,5 cm dick. Diese werden mit Sandpapier etwas abgerundet. Als Tritte verwenden Sie schmale und kurze Obstkisten-Leisten (mit dem Tapetenmesser gespalten und abgesägt), die Sie in etwa gleichen Abständen auf die Stäbe kleben. Die Leiter wird zum Schluß in der gewünschten Länge abgesägt. Je nachdem wie eng Sie die Sprossen der Leitern setzten und wie breit oder dünn sie sind, verändert sich das Erscheinungsbild der Leitern, siehe Foto Seite 37.

An das Haus gelehnte Leitern sind ein liebevolles Detail, das ländliche Atmosphäre vermittelt.

Zaun

Der Zaun sollte etwa 5 cm hoch sein. Von einem 1,5 cm dicken Fichtenholzbrett sägen Sie dazu zwei ca. 5 cm lange Rohlinge ab. Als Zaunlatten dienen zwei schmale ca. 25 cm lange Leisten von Obstkisten. Die Leisten werden an den beiden Rohlingen festgeklebt (siehe Foto rechts).

Natürlich kann der Zaun passend zu Ihrer Krippe in unterschiedlichen Längen und Höhen angefertigt werden. Alternativ können Sie als Begrenzung statt Holzzäunen auch niedrige Mauern aus Gips anfertigen, wie sie z.B. in der Krippe auf Seite 2/3 zu sehen sind. Das Mauerwerk bzw. die Struktur der einzelnen Steine arbeiten Sie nach dem Prinzip der gemauerten Rückwand (Seite 21) oder eigenem Geschmack.

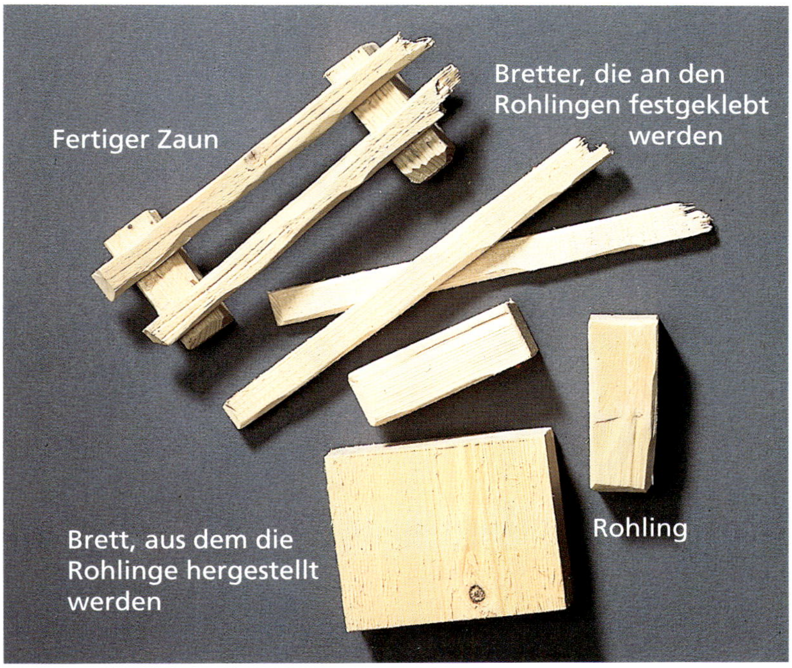

Ein einfacher, aber wirkungsvoller Gartenzaun kann aus Holz hergestellt werden.

Strohbündel

Die Atmosphäre eines Stalles können Sie vor allem durch Strohbündel erzielen, die Sie in und um die Krippe verteilen und vor allem auf die Zwischenböden legen. Für die Bündel reihen Sie Strohhalme aneinander, bis eine Stärke von etwa 4 bis 6 cm erreicht ist. Das fertige Bündel umwickeln Sie mit einem weißen Faden und schneiden es an beiden Seiten auf eine Länge von ca. 8 bis 10 cm zu.

Strohhalme werden zu Bündeln zusammengeschnürt.

Dekorative Strohbündel werden vor allem auf den Zwischenböden/ Dachböden plaziert.

Figuren

In den Hirtenstall passen Krippenfiguren von ca. 12 bis 16 cm Höhe. Jedes der Krippenhäuser in diesem Buch ist so gestaltet, daß Sie sowohl Holz-, als auch Ton- oder Kunstharzfiguren verwenden können. Vielleicht besitzen Sie aber auch schon Krippenfiguren, denen Sie durch einen selbstgebauten Stall den passenden Rahmen geben möchten. Dann können Sie sich beim Bauen und Ausgestalten des Krippenhauses von der Anmutung Ihrer Figuren inspirieren lassen und entweder eine eher neutrale Krippe bauen oder auch eine alpenländisch-bäuerliche

Die Größe Ihrer Krippenfiguren ist es, die letztlich das genaue Maß des Krippenhauses bestimmt.

Hirtenhaus mit Mauerwerk und Schafstall

Für Figuren von etwa 14 cm bis 20 cm Größe

Dieses Hirtenhaus ist mit dem eben beschriebenen Hirtenstall in der Bauweise identisch. Sie müssen in den Bau, in die verschiedenen Anbauten und Details jedoch wesentlich mehr Zeit investieren.

Dieses Haus mit seinen Zwischenböden, der Dachluke, dem erhöhten Fußboden, der

Treppe und dem Schaftsall zu bauen, ist jedoch eine echte Herausforderung für jeden geübten Holzbastler. Und natürlich ist das fertige Hirtenhaus eine wirkliche Augenweide.

Materialliste

Fichtenholz (Bodenplatte)
Dachlatten aus Fichtenholz (Grundgerüst)
Latten aus Obstkisten (Verkleidung)
Stuckgips
6er- oder 8er-Dübel und Bohrer (Befestigung)
Evtl. Abtönfarbe

Material

Sie benötigen eine Grundplatte aus Fichtenholz (Leimholz) von 100 cm x 70 cm x 2 cm (oder auch 3 cm dick), die Sie in jedem Baumarkt oder Holzfachhandel erhalten.

Außerdem fünf bis sechs Dachlatten, 200 cm x 5 cm x 3 cm bzw. 200 cm x 5 cm x 2,5 cm für das Grundgerüst bzw. die Verstrebungen.

Grundgerüst des Hirtenhauses, von der Rückseite aus gesehen. In die Rückwand ist ein Fenster eingesetzt.

Aus den Dachlatten fertigen Sie wie schon beim Hirtenstall Rohlinge (Balken) an, 50 cm x 3 cm x 3 cm bzw. 50 cm x 2,5 cm x 2,5 cm und 50 cm x 2,5 cm x 2 cm. Aus diesen Balken wird das Grundgerüst mit seinen Verstrebungen gefertigt.

Für die Verkleidung und das Dach werden wie beim Hirtenstall die Bretter von Obstkisten verwendet.

Werkzeug

Sie benötigen genau die gleichen Werkzeuge, die schon zu Anfang des Buches beschrieben wurden. Außerdem ist ein Sturmeisen zum Herausstemmen der Treppenstufen am Haus notwendig.

Zusammenbau

Holzbedarf bzw. Zuschnitt

Bodenplatte:
100 cm x 70 cm x 2 cm bzw.
100 cm x 70 cm x 3 cm
Rohlinge/Balken:
3 cm x 3 cm oder 2,5 cm x 2,5 cm
oder 2 cm x 2 cm
Dach/Verkleidung:
Bretter von Obstkisten

Rückwand mit Fenster und Mauerwerk

Zunächst markieren Sie die Fixpunkte (= alle Steher) des Hirtenhauses laut

Grundriß auf der Bodenplatte. Den Schafstall, sprich den Anbau, lassen Sie dabei außer acht, er wird separat gebaut.

Dann sägen Sie die 3 cm x 3 cm großen Balken für das Grundgerüst auf die erforderliche Länge ab. Die beiden Eckbalken (R1 und R3 in Zeichnung Seite 46) werden auf die Bodenplatte gedübelt. Sägen Sie nun zwei Querbalken (R4 und R5 in Zeichnung Seite 55) auf gleicher Länge ab.

Der untere Querbalken R4 wird auf die Bodenplatte zwischen die Außenbalken gedübelt. Ebenso wird der Fensterbalken R5 in gewünschter Höhe festgedübelt (Innenmaß beachten). Der obere Querbalken R6 wird auf die beiden Außenbalken R1 und R3 gedübelt. Nun werden die Balken für die Verstrebungen eingepaßt. Halten Sie die Verstrebungen an die Rückwand, zeichnen Sie die Ansatzstellen an und sägen Sie die Verstrebungen ab, dann passen sie genau. Jetzt kann das Grundgerüst fest verklebt werden. Abschließend kleben Sie die Verstrebungen ein.

Füllen Sie die Rückwand und – vor dem Zusammenbau – auch die Vorderfront mit Mauerwerk, d.h. mit Stuckgips, wie auf Seite 21 beschrieben.

Vorderfront und Dachaufbau

Zuerst werden die beiden Steher D1 und D2 (siehe Zeichnung Seite 46) auf gleiche Länge gesägt. D1 wird auf der Bodenplatte festgedübelt. Auch die Steher V1 und V2 werden auf gleiche Länge abgesägt und V1 auf der Bodenplatte festgedübelt.

Grundgerüst des Hirtenhauses von vorne.

Nun werden die Seitenteile S1 und S2, S3 und S4, S5 und S6 eingepaßt und an der Rückwand sowie an den Stehern D1 und V1 angedübelt. Anschließend dübeln Sie den Steher V2 auf die Bodenplatte. Die Verbindungsbalken V5 und V6 einpassen und mit dem Steher V1 und V2 verdübeln. Der Verbindungsbalken V3 wird auf die Steher V1 und V2 gedübelt. Der Verbindungsbalken V4 wird zwischen Rückwand und Vorderfront eingepaßt und an der Rückwand festgedübelt. Er dient (wie S5 und S6) auch als Tragebalken für den oberen Dachboden.

Grundriß des Hirtenhauses.

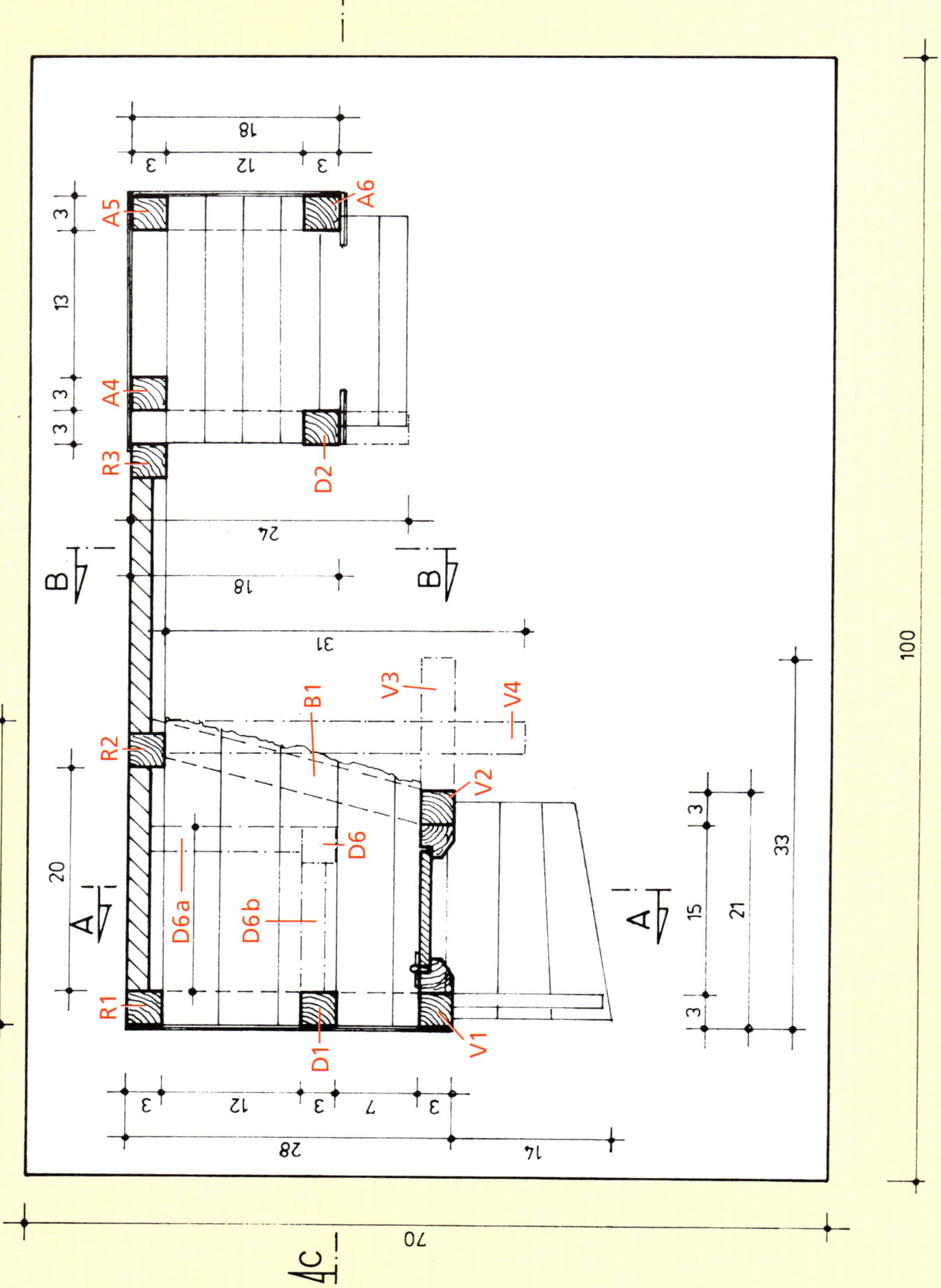

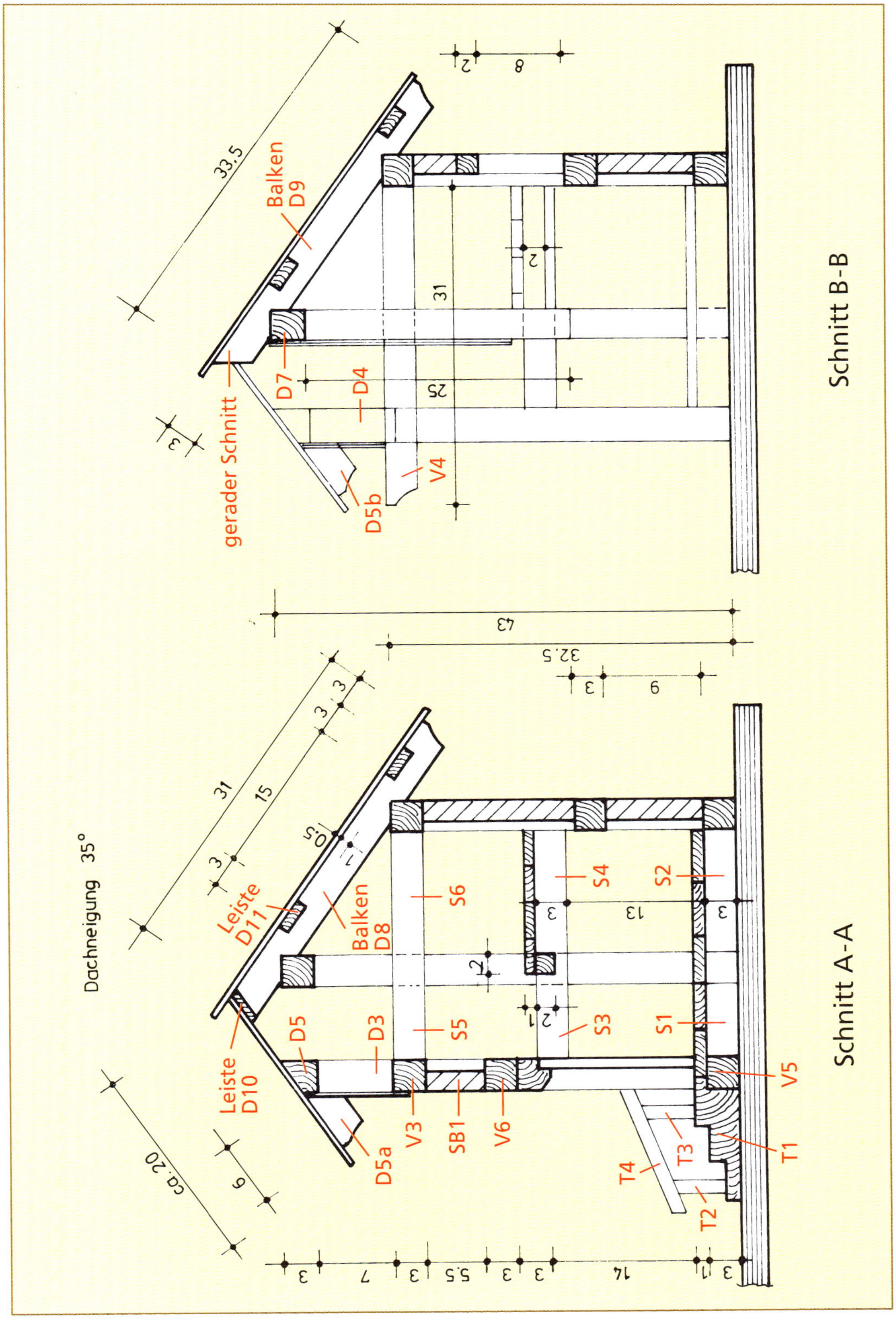

Seitenansicht des Hirtenhauses.

Nun können sämtliche Teile miteinander verklebt werden. Dann den kleinen Steher der Vorderfront D3 und D4 in einer Linie mit V1 und V2 auf den Querbalken V3 dübeln. Anschließend den Querbalken D5 einpassen. Beachten Sie dabei die Dachschräge.

Jetzt dübeln Sie den hohen Steher D2 auf die Grundplatte. Der lange, dachtragende Querbalken D7 wird nun auf die hohen Steher D1 und D2 gedübelt. Die rechten Verbindungsbalken S7, S8 und S9 zwischen Rückwand und Steher D2 einpassen und verdübeln. Nun können alle Teile fest verklebt werden.

Die Balken-Attrappen D5a und D5b an die Steher D3 und D4 andübeln. Diese Attrappen dienen als Verlängerung des Vordaches. Wie Sie gemacht werden, steht im folgenden Abschnitt.

Balken-Attrappe

Wenn Sie an Ihrem Hirtenhaus Balken-Attrappen ansetzen möchten, stellen Sie diese nach Zeichnung her und setzen sie entweder schräg als Verlängerung des Daches an oder gerade an den Stehern. Die geraden Attrappen können Sie beliebig lang anfertigen.

Verkleidetes Hirtenhaus, von vorne gesehen.

Diese Balken dienen meist nur zur Zierde, können aber auch praktischen Nutzen haben, wennn Sie zum Beispiel einen Engel darauf setzen (siehe z.B. Foto Seite 50).

Dachsparren

Für das Dach werden zwei angeschrägte Dachsparren D8 (siehe Zeichnung Seite 47 A-A/53) und zwei gerade Dachsparren D9 (siehe Zeichnung Seite 47 B-B) benötigt. Fertigen Sie die Dachsparren nach Zeichnung an und passen Sie sie im Grundgerüst ein. Die beiden angeschrägten Dachsparren dienen, nachdem sie mit einer kleinen Leiste verbunden wurden (D10), als Träger des Vordaches. Beachten Sie die Dachneigung (siehe Zeichnungen Seite 47).

Nun werden die Leisten (siehe Zeichnung A-A) im Maß 3 cm x 0,5 cm gefertigt, eingepaßt und mit den Dachsparren verbunden. Die Dachkonstruktion ist fertig.

Seitenteil links und Dachaufbau.

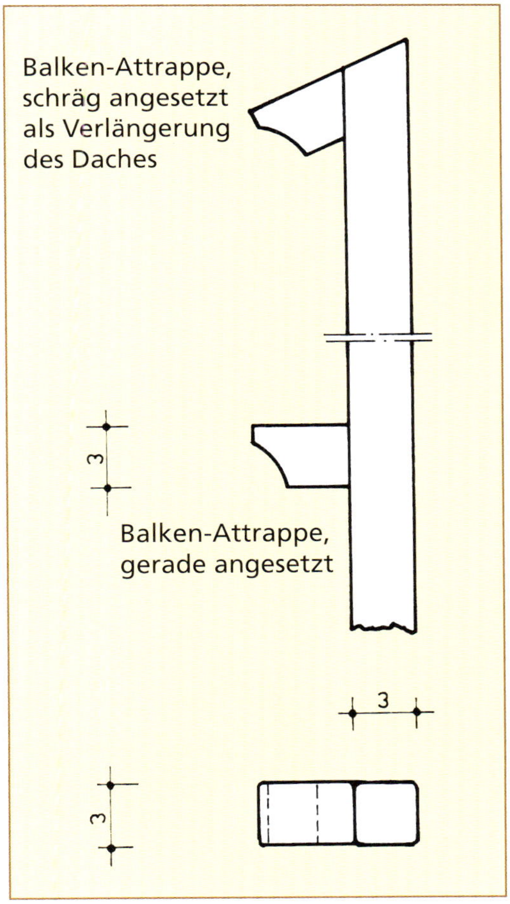

Einzelheit Balken-Attrappe.

Dachböden

Oberer Dachboden

Der obere Dachboden ist im Grundgerüst bereits angelegt. Als Auflage für die Bretter des Dachbodens dienen die Querbalken S5 und S6 der Seitenwand links sowie der Verbindungsbalken V4 (zwischen Rückwand und Vorderfront). Die Dachbodenbretter sollten ca. 0,5 bis 1 cm überstehen.

Passen Sie den Stützbalken SB 1 ein und verkleben Sie ihn.

Unterer Dachboden

Der untere Dachboden besteht aus drei Balken. Der senkrechte Steher D6 wird am langen dachtragenden Querbalken D7 festgeklebt. Dieser Steher wird durch zwei Balken D6a und D6b befestigt. Passen Sie D6a ein und verkleben Sie den Balken mit der Rückwand.

D6 wird am Balken D1 an der Seitenwand links angeklebt. Als Auflage für die Dachbodenbretter dienen der Balken S3 der Seitenwand links und Balken D6a.

Abschließend werden wie beim oberen Dachboden die Bretter mit 0,5 bis 1 cm Überstand eingepaßt und festgeklebt.

Blick in das Innere des Krippenhauses. Der obere und untere Dachboden wird mit Balken oder Brettern ausgelegt.

Türe in der Vorderfront

Der Türstock besteht aus drei Balken (siehe Zeichnung unten), die an der Vorderfont eingepaßt und festgeklebt werden. Anschließend wird die Türe eingepaßt.

Fertigen Sie diese am besten aus einem Stück, indem Sie ein Obstkisten-Brett nach Maß zurechtsägen, einpassen und die Tür mit zwei kleinen Scharnieren am linken Türpfosten festschrauben bzw. mit der Klebepistole festkleben. Fertigen Sie den Türriegel nach untenstehender Zeichnung an.

Die Türe wird mit Scharnieren befestigt oder eingeklebt.

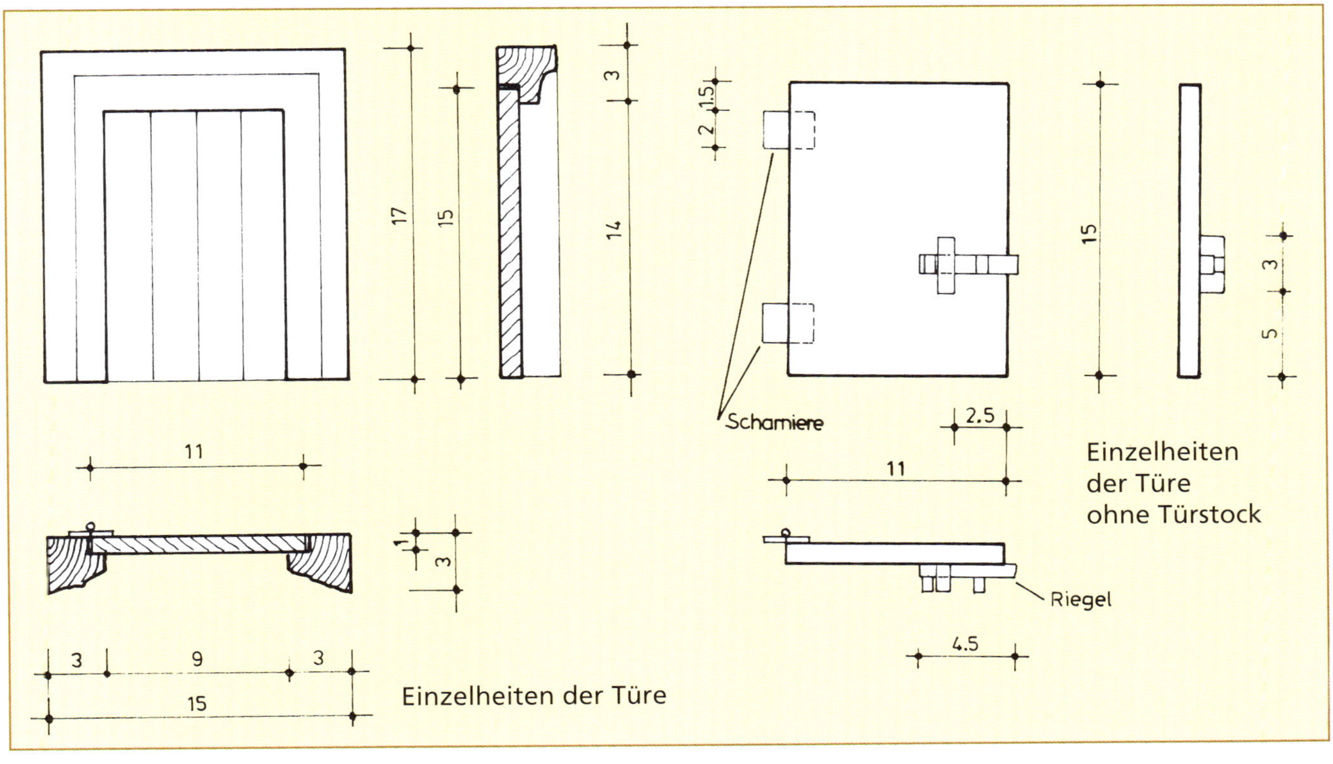

Einzelheiten der Türe

Einzelheiten der Türe ohne Türstock

Erhöhter Fußboden

Für die Bodenbretter des erhöhten Fußbodens, wie er im Detailfoto auf Seite 49 deutlich erkennbar ist, dienen die Verbindungsbalken S1 und S2 der linken Seitenwand als Auflagen. Der zweite Auflagebalken B1 muß zwischen Steher V2 der Vorderfront und Balken R2 der Rückwand eingepaßt werden. Dann werden die Bodenbretter wie oben beschrieben eingepaßt und festgeklebt. Sie bestehen aus Obstkisten-Brettern, die etwa 0,3 bis 1 cm über die Auflagebalken stehen.

Treppe

Die Treppe, die zur Tür an der Vorderfront hinaufführt, können Sie auf zweierlei Weise anfertigen.

Sie können die Treppe aus einem Stück fertigen, und zwar aus einem Brett, das die gleiche Dicke aufweisen muß wie der erhöhte Fußboden (siehe Zeichnung Seite 47 A-A). Aus diesem Brett werden die einzelnen Stufen mit einem Sturmeisen herausgestemmt und anschließend mit einer Holzraspel und mit Sandpapier nachgearbeitet.

Das fertige Hirtenhaus mit dem Schafstall als schrägem Anbau.

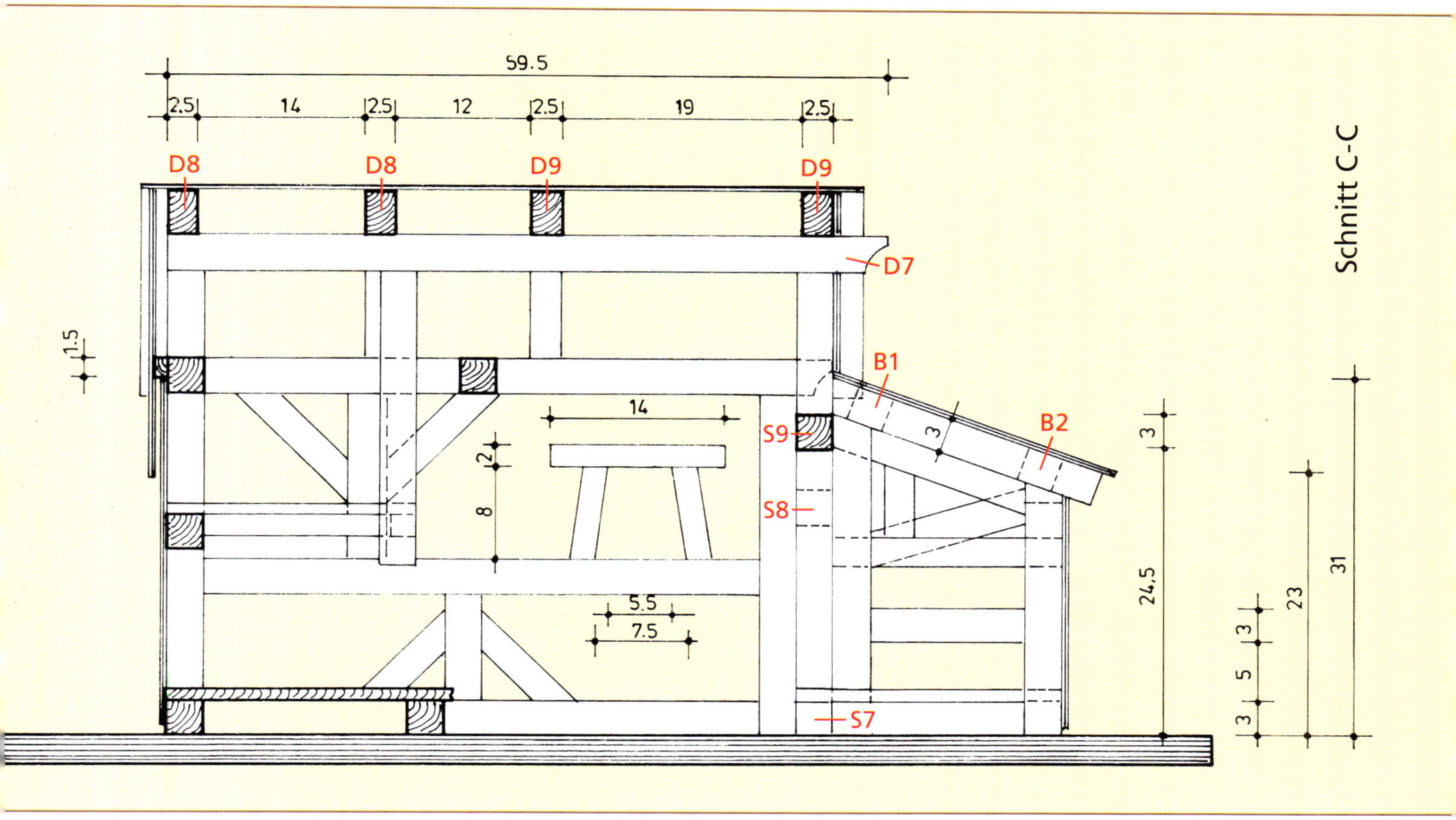

Die einfachere Variante: Sie schneiden sich verschieden starke und breite Stufen zurecht und kleben sie übereinander auf der Bodenplatte fest. Ob Sie die Treppe mit zwei oder drei Stufen anfertigen, bleibt Ihrem Geschmack überlassen, ebenso wie die Gestaltung der letzten Stufe, die schräg, wie im Plan eingezeichnet, oder gerade auslaufen kann.

Treppengeländer

Sie können die Treppe auch noch mit einem Geländer versehen. Dazu schneiden Sie zwei kleine Steher T2 und T3 nach Zeichnung Seite 47 A-A zurecht und kleben sie auf der Treppe fest. Den Treppenlauf sägen Sie passend ab und kleben ihn auf den Stehern fest.

Die Höhe des Geländers ist genauso wie die Breite der Treppenstufen Ihrem persönlichen Geschmack überlassen.

Schafstall als schräger Anbau

Das eben beschriebene Hirtenhaus können Sie durch verschiedene Stall-Anbauten abwandeln und ergänzen. Hier zunächst der schräge Anbau.

Schnitt durch das Hirtenhaus mit schrägem Anbau.

Deutlich wird hier, daß der Schafstall ein Baukasten-Element ist, das – genau wie der Zaun oder andere Teile – verwendet werden kann oder nicht.

Das Grundgerüst des Stalles besteht aus den Stehern A4, A5 und A6. Sägen Sie diese nach Zeichnung Seite 53 C-C zurecht und dübeln Sie sie laut Grundriß auf Seite 46 auf der Bodenplatte fest. Beachten Sie dabei die Dachschrägen (siehe Zeichnung C-C).

Nun werden die Verbindungsbalken zwischen A4 und A5 sowie zwischen A5 und A6 eingepaßt und verdübelt. An diesen Verbindungsbalken wird später die Außenverkleidung festgeklebt.

Die beiden Dachsparren werden nach Maß zugesägt. Den hinteren Dachbalken dübeln Sie auf die Steher A4 und A5. Der vordere Dachsparren wird auf A6 und an den Steher D2 gedübelt bzw. auf den Balken festgeklebt. Zwischen die beiden Dachsparren werden die Auflagebalken B1 und B2 eingepaßt und geklebt. Auf diesen Balken wird dann das Dach befestigt.

Jetzt passen Sie einen Verbindungsbalken zwischen D2 und A6 ein und kleben ihn fest. An diesem Verbindungsbalken und am vorderen Dachsparren wird die Verkleidung der Vorderfront festgeklebt. Den erhöhten Fußboden fertigen Sie nach dem auf Seite 52 beschriebenen Prinzip an.

Das Grundgerüst des Hirtenhauses mit Schaftstall ist nun fertig. Wenn Sie möchten, können Sie zwischen Haus und Stall beliebig viele große und kleine Verbindungsbalken einsetzen (am Grundgerüst anlegen, abmessen, absägen und einpassen), auch eine Art Gatter oder Zaun können Sie an der Vorderfront anbringen (siehe Foto Seite 52) – hier entscheidet wie immer Ihre persönliche Vorstellung.

Schafstall als flacher Anbau

Sie können den Schafstall auch als flachen Anbau anfertigen, der aus vier Stehern aufgebaut ist. Diese werden wie beim schrägen Anbau nach Grundriß auf der Bodenplatte festgedübelt. Der vierte Steher wird neben D2 plaziert. Anschließend passen Sie alle Verbindungsbalken und Verstrebungen ein und kleben dann die oberen Dachbretter auf den Querbalken fest. Auf dem Flachdach dieses Anbaus sitzt ringsum ein Zaun (für den Bau siehe Seite 39), wie Sie aus der Zeichnung unten erkennen können. Halten Sie den Zaun auf der Vorderseite etwas kürzer – die entstehende Öffnung dient als Aufgang zum Dach.

Zuletzt fertigen Sie den erhöhten Fußboden nach dem bereits beschriebenen Muster an (siehe Seite 52).

Verkleidung

Wie beim bereits beschriebenen Hirtenstall besteht die Verkleidung aus den Brettern von Obstkisten, die sie, wie auf Seite 24 erklärt, mit der Zange bearbeiten und auf verschiedene Längen brechen können.

Beginnen Sie die Verkleidung mit dem großen Dach und arbeiten Sie genauso wie auf Seite 24 beschrieben. Erfahrungsgemäß ist es am besten, wenn Sie beim Verkleiden folgende Reihenfolge wählen: großes Hauptdach – kleines Vordach – Seitenwand links – Vorderfront. Die Vorderfront können Sie ganz verkleiden oder Sie können auch eine kleine Dachluke lassen. Als Variante können Sie auch eine kleine Mauer aus Gips einfügen.

Genaue Maße für die Verkleidung anzugeben ist unmöglich – Sie müssen sich hier an der individuellen Gestaltung Ihres Krippenhauses orientieren.

Hirtenhaus mit Flachanbau.

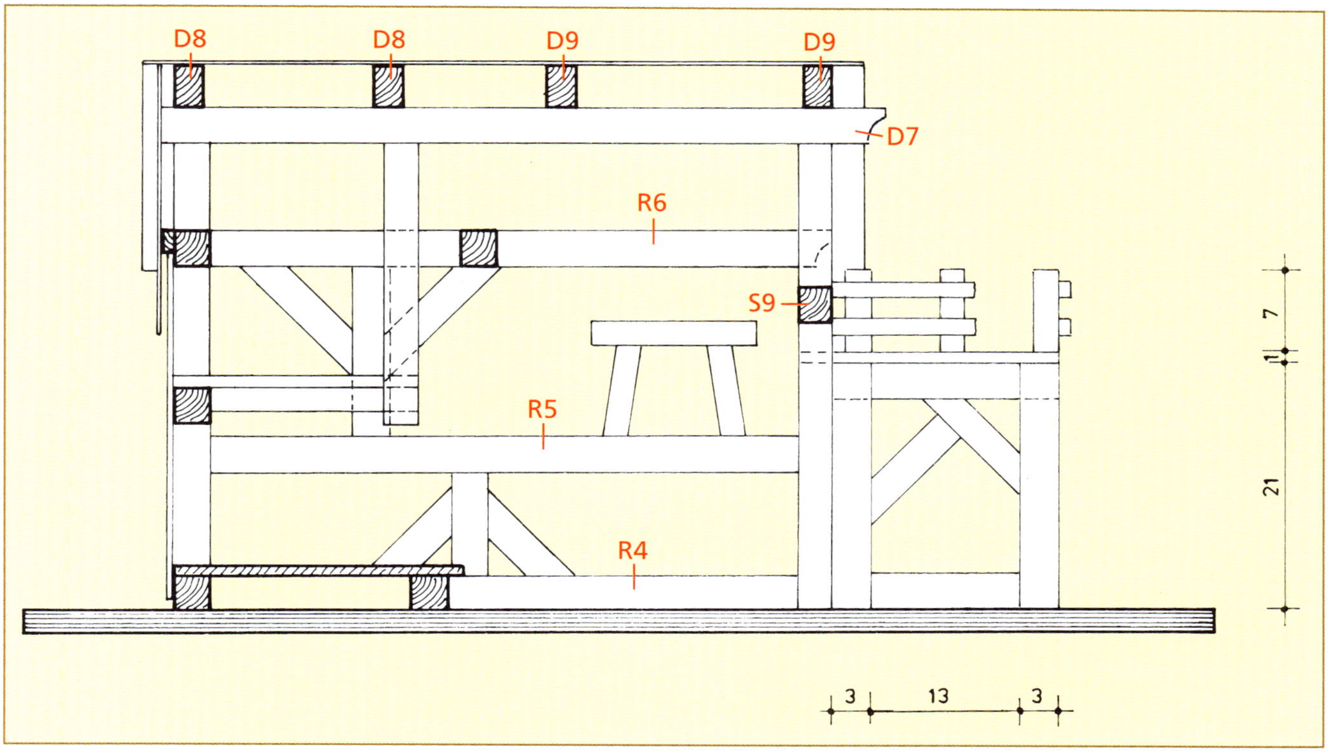

Kleine Stallkrippe

Für Figuren von etwa 5 cm Größe

Ganz schnell und einfach gebaut ist die kleine Stallkrippe, die ebenfalls in verschiedenen Varianten angefertigt werden kann. Ihrer geringen und leicht variierbaren Ausmaße wegen ist sie die ideale Krippe, wenn Sie nur wenig Platz zur Verfügung haben. Die folgenden Maßangaben sind nur ein Vorschlag – Sie können die Krippen ohne Probleme in die für Sie passenden Größenverhältnisse bringen.

Material

Fichtenholz (Bodenplatte)
Dachlatten (Reststücke)
Latten aus Obstkisten

Werkzeug

Sie brauchen die gleichen Werkzeuge, die Sie auch für die anderen Krippen verwenden.

Zusammenbau

Holzbedarf und Zuschnitt

Grundplatte:
(15 cm bis) 20 cm x 1 cm
Rückwand:
14 cm lang, 8 cm hoch
Steher:
5 cm oder 6 cm hoch
Querbalken:
Maß nach Wunsch
Stützbalken:
Maß enstprechend der Größe der Krippe bzw. der anderen Balken
Bretter aus Obstkisten

Die Stallkrippe besteht aus einer Bodenplatte, zwei Dachhälften, einer abgeschrägten Rückwand, drei Stehern

Die Stallkrippe in sämtlichen Einzelteilen.

und zwei Querbalken. Zusätzlich können noch Stützbalken eingepaßt werden.

Die Rückwand und das Dach werden aus den Brettern von Obstkisten gefertigt. Die Rückwand muß so abgeschrägt werden, daß Sie die beiden Seiten des spitz zulaufenden Daches darauf befestigen können.

Dübeln Sie die Steher (ein Steher links, ein Steher rechts und ein Steher links oder rechts vorne) auf die Bodenplatte und kleben Sie sie fest. Der Abstand der Steher ist je nach Breite des Daches verschieden. Anschließend kleben Sie die Querbalken an die Steher und passen eventuelle Stützbalken ein. Die Rückwand wird an den Stehern festgeklebt. Zuletzt kleben Sie die beiden Dachhälften an den Querbalken fest.

In den Grundzügen ist die kleine Stallkrippe nun fertig. Sie können Sie nun mit Moos und Zweigen ausgestalten oder verschiedenes Zubehör einfügen (Zaun, Futtertraufe, siehe Seite 36/39).

Helle Stallkrippe mit Zaun, Moos und Bäumchen geschmückt. Als Bodenplatte dient die Scheibe eines Baumstamms.

Stallkrippe mit Baum und Futtertraufe.

Wie Sie auf den Fotos sehen, sieht es besonders schön aus, wenn Sie als Grundplatte eine aus einem Baumstamm herausgesägte Scheibe verwenden.

Wenn Sie sich den Zuschnitt einer Grundplatte sparen möchten, können Sie, wie bei der dunklen Krippe, auch einen Brotzeitteller aus Holz als Boden verwenden.

Rechte Seite: Hier wurde eine dunkle Stallkrippe auf einem Brotzeitteller plaziert. Die Figuren sind ca. 5 cm groß.

Die Figuren, die in den beiden auf Seite 56 und 61 gezeigten Krippen stehen, sind etwa 5 cm groß.

Kleine Krippe mit Stein

Noch schneller und mit noch weniger Aufwand läßt sich diese Krippe nachbauen. Als Grundplatte dient eine etwa 1 cm dicke Holz-Scheibe, die einen Durchmesser von 10 bis 15 cm hat. Sie können dazu eine zugeschnittene Holzscheibe aus dem Baumarkt verwenden, eine Scheibe von einem Baumstamm oder einen hölzernen Brotzeitteller.

Mit so wenig Materialaufwand läßt sich diese kleine Krippe herstellen und entsprechend schnell anfertigen.

Auf diese Grundplatte kleben Sie einen in der Größe passenden Stein auf, den Sie entweder selber gesammelt oder sich beim Steinmetz besorgt haben.

Den Stein und die Bodenplatte bekleben Sie mit grauem Islandmoos oder mit Moos aus unseren Wäldern. Setzen Sie einen Ast oder einen kleinen Zweig als Bäumchen neben dem Stein auf die Bodenplatte.

Anstelle eines Steines können Sie auch ein größeres Stück Baumrinde verwenden – wichtig ist, daß Sie einen zentralen Punkt schaffen, vor dem Sie die Krippenfiguren gruppieren können. Er ersetzt dann das Krippenhaus.

Die fertig ausgestaltete Krippe mit Stein, auf einer Baumstamm-Scheibe arrangiert.

Die Deutsche Bibliothek –
CIP-Einheitsaufnahme

Weihnachtskrippen aus Holz : exakte Pläne – Schritt-für-Schritt-Anleitungen – Baukastensystem / Andreas Mayr. [Fotogr.: Klaus Lipa]. – Augsburg : Augustus-Verl., 1998
ISBN 3-8043-0563-6

Wenn Sie die Krippen in natura sehen möchten, sind Sie herzlich dazu eingeladen, sich die Krippenausstellungen des Autors in Adelshausen/Karlskron (Nähe Ingoltadt) anzusehen, die dort jedes Jahr an jedem Sonntag im Advent stattfinden. Dort haben Sie auch Gelegenheit, mit dem Autor Erfahrungen und Informationen zum Thema Krippenbauen auszutauschen.

Fotografie: Klaus Lipa, Augsburg
Lektorat: Andrea Müh
Umschlaggestaltung: Christa Manner, München
Layout: Anton Walter, Gundelfingen

AUGUSTUS VERLAG AUGSBURG 1998

Satz: Gesetzt aus 11 Punkt Novarese Book in QuarkXPress von DTP-Design Walter, Gundelfingen
Reproduktion: GAV Prepress, Gerstetten
Druck und Bindung: Appl, Wemding

Gedruckt auf 115 g umweltfreundlich chlorfrei gebleichtes Papier.

ISBN 3-8043-0563-6

Printed in Germany